El rey la laguna

Lada Josefa Kratky
Ilustrado por Rusty Fletcher

HAMPTON-BROWN
Quien sabe dos lenguas vale por dos.®

Había un sapo que vivía en
una laguna. Todos decían que
era muy flojo. Pero él sabía
que era el rey de la laguna.

Pasó una mosca y le dijo: —¡Ay, sapo, qué flojo eres! Yo soy muy rápida. Tú nunca me vas a agarrar.

El sapo ni le contestó. Sabía
que era el rey de la laguna.

Pasó una abeja con la mosca
y le dijo: —¡Ay, sapo, que flojo
eres! Yo soy muy rápida. Tú
nunca me vas a agarrar.

El sapo ni le contestó. Sabía
que era el rey de la laguna.

Pasó un grillo con la mosca y la abeja y le dijo: —¡Ay, sapo, qué flojo eres! Yo soy muy rápido. Tú nunca me vas a agarrar.

El sapo ni le contestó. Sabía
que era el rey de la laguna.

Pasó una mariposa con la mosca, la abeja y el grillo y le dijo: —¡Ay, sapo, qué flojo eres! Yo soy muy rápida. Tú nunca me vas a agarrar.

El sapo ni le contestó. Sabía
que era el rey de la laguna.

La mosca, la abeja, el grillo y la mariposa se sentaron al lado del sapo.

Había un sapo que vivía
en una laguna. Todos
decían que era muy flojo.
Pero él sabía que era el
rey de la laguna.